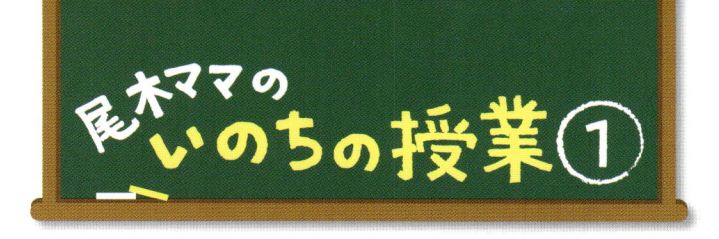

尾木ママの
いのちの授業①

自分のいのちを育てよう

監修　尾木直樹

ポプラ社

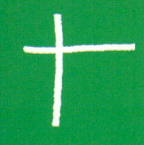

これから
この本を読むあなたへ

尾木直樹（おぎなおき）

　小学校高学年くらいになると、だんだん「自分のこういうところ、いやだなぁ」と思う部分がでてきますよね。

　鼻が低い、目が小さい、背が低い、ぽっちゃり気味……なんて、見た目の特徴を気にしている子も多いんじゃないかしら。

　自分の性格や行動についても、人前で自分の意見を言うのが苦手、すぐいじけてしまう、なんでも一番でないと気がすまない、人にやさしくできないなど、なおしたいところばかり目につくかもしれません。

　「どうしてあの子はかわいくてなんでもできるのに、わたしはこんなにダメなんだろう……」なんて、人とくらべて落ちこんでしまう気持ち、わかります。

　でもこれは、自分で自分のことを客観視できるようになってきた「成長の証」。そうやって自分と向き合うことは、大人になるうえで欠かせないステップなんです。

　とはいえ、自分のことをきらいになってしまうのはつらいですよね。では、どうすればもっとラクになれるのか。

　じつは、ちょっとものの見方やとらえ方をかえるだけで、自分の気になるところも強みにかえることができるんです。そのやり方を、尾木ママはある小学校の授業で、じっさいにみんなと挑戦してみました。この巻でそのようすも紹介していますので、ぜひためしてみてくださいね。

　最初は「ちょっとむずかしいな……」と思うかもしれません。でも、この巻ではさまざまな「自分も、なかなかいいかも」と思えるコツやヒントを取り上げているので、ページをめくって、自分でもやってみたいな、できそうだなと思うものから試してみてください。すぐにできなくても、気楽に、ゲーム感覚で取り組んでみてくださいね。

　自分をじっくり総合的にみつめて、自分を大切にし、愛することって、とっても大事なことなんです。それは、自分だけでなく、自分につながるまわりの人のいのちを大切にすることにも発展していくからなんですよ。

もくじ

この巻では、こちらの
ふたりの先生にもご登場
いただいていますよ。

10 ページの授業を
行った東京都足立区
立辰沼小学校の仲野
繁校長先生です。

感情コントロール
のトレーニングを
教えてもらった法
政大学の渡辺弥生
先生です。

自分を好きになる方法

みなさんは自分のことについて、考えたことがありますか？ 自分の性格の「好きなところ」や「なおしたいところ」ってすぐに言うことができるかな？

「いやだな」と思っていた性格の見方をかえてみる、そんな授業をしましたよ。みなさんも、この本でいっしょにやってみましょう。自分と向き合い、自分を受け入れることで、今よりも自分のことが好きになるはずですよ！

自分の性格をあらわす ことばを考えてみよう！

自分はどんな性格だと思いますか？　自分の「好きなところ」「なおしたいところ」を考えてみましょう。どんなことでもいいですよ。それぞれ、できるだけたくさん書きだしてみてください。

自分の性格・行動の中で、「好きなところ」

やさしい	だれとでも仲良くできる	いっぱい遊ぶ	細かいことは気にしない
チャレンジ精神がある	おもしろい	やるべきことをやる	ひそひそ話をしない
すぐに泣かない	進んで発表する	小さい子のめんどうをみる	こまっている人を助ける
真剣に取り組む	しっかり勉強する	行動力がある	人をまとめるのが得意
あいさつができる	足が速い	動物をかわいがる	明るい
あきらめない	ありがとうを言える	きちんとしている	先生の話が聞ける
勉強が得意	まわりに流されない	手伝いができる	おとなしい
気前がいい	元気がいい	けんかやトラブルを子どもだけで解決できる	あまりけんかをしない

授業では、みんなからでてきた ことばを、大きな模造紙にまとめ ました。下のようにたくさんのこと ばが集まりましたよ。自分が考え たのと同じことばはありますか？

自分では考えつかなかったけれど、 まさに自分にぴったりということばも あるかもしれませんね。下の例も参考にして 自分の性格を考えてみてくださいね。

自分の性格・行動の中で、「なおしたいところ」

口調が強い	集中力がない	行動がおそい	やつあたりをする
宿題をわすれる	悪口を言う	しつこい	すねる
うそを言う	悪い行動につられる	すぐおこる	勉強が苦手
すぐイライラする	すぐあきらめる	意見が言えない	友だちが少ない
わすれものが多い	行動のきりかえがおそい	すぐ口ごたえをする	協調性がない
性格がきつい	ぶっきらぼう	マイペース	わがまま
勉強をしない	相手の気持ちを考えない	すなおじゃない	人の世話をやくが自分のことはしない
体育が苦手	大きな声でしゃべっちゃう	食べ物の好ききらいが多い	人の話を聞かない
おしゃべりが多い	せっかち	敬語が使えない	仲良くすることが苦手

気になることばを書きだそう

　前のページにある、「なおしたいところ」に注目してみてください。その中に、気になることばがありますか？　そのことばを紙に書きだしてみましょう。さらに、自分の「なおしたいところ」も続けて書いてください。3つ以上は書きだしましょう。

●授業（じゅぎょう）では

「なおしたいところ」の中からことばを選（えら）んで書きだしましょう。
自分の性格（せいかく）の「なおしたいところ」も1つ以上（いじょう）入れてください。

気になることば		リフレーミング
調子にのる	→	
しつこい	→	
わすれ物をする	→	
はっきりことわれない	→	
	→	
	→	
	→	
	→	
	→	
	→	
	→	
	→	
	→	

こんなワークシートを使って、➡の左側（ひだりがわ）に書きだしてみましたよ。

●授業のようす

自分の性格とは
ちがってることばでも
いいんだよね。

深く考えすぎずに、
パッと目についたことばや、
なんとなく気になる
ことばでいいの。

これも、
これも気になる……

わたしは
『しつこい』って
ことばが気になった。
みんなはどう？

オレは
『調子にのる』
かな♪

班で発表し合ったよ

　それぞれが気になったことばを、班
で発表し合いました。班で話し合うこ
とで、新しいことばがでてきたり、性
格がぜんぜんちがうのに気になること
ばがいっしょの人がいたりと、おもしろ
い発見がありました。

『調子にのる』って
わたしも気になる～。

「なおしたいところ」は「短所」なの?

みなさんに書いてもらった「なおしたいところ」は、本当に「よくない」ところ、つまりなおしたほうがいい「短所」「欠点」なのでしょうか。尾木先生にも自分の性格でなおしたいと思っているところがあるようです。それを聞いた友だちの仲野校長先生は、なんてこたえるのか、注目してみてください。

尾木ママの なやみ

1 仲野先生 尾木先生
ぼくってホントにおっちょこちょい!!
何かあったんですか?

2 新幹線でね、ぼくの席にほかの人がすわってたの。
切符の席の番号はどちらも同じだったの! でもよ〜く見たら、ぼくの切符は、向かいのホームの、別の新幹線のだったの!!

3 おっちょこちょ〜〜い!

4 でもね
先生は新幹線を見つけてぱっと乗ったんでしょ? それは、見方をかえれば**行動がすばやい**ということ。
えっ?

5 つまり、**行動力がある**ということですよ。まちがえてもすぐに修正できる。ぼくは考えすぎて乗りおくれるほうだからうらやましい……。
そうなの〜!?
うれしい

何がかわったか気がつきましたか?

ぼくは、おっちょこちょいで失敗することも多くて、とてもいやだったの。ところが仲野先生は、そこがぼくのいいところだと言ってくれました。ぼくの性格がかわったわけではないのに、ぼくがうれしい気持ちになったのは、なぜでしょうか?

仲野先生は見方をかえてくれたんです。

「おっちょこちょい」という性格の見方をかえて、「行動がすばやい」とほめてくれました。見方をかえると弱点が強みにかわります。

これを**リフレーミング**といいます。

おっちょこちょい ➡ 行動がすばやい

魔法みたいですね。でも魔法ではありません。

ジュースが半分入っているコップを見て、ある人は「半分しか入っていない」とがっかりするかもしれません。でも別の人は「まだ半分も残っている」と喜ぶかもしれない。それと同じです。

あれ〜 半分しか ないの？

わ〜い まだ 半分もある。

のどが カラカラ

同じことでも、見方をかえると、正反対のとらえ方ができます。

「なおさなきゃ」と思ってなやんでいたことが、
短所ではないと言われて気持ちがらくになりました。
さらにそれが自分にとっての「強み」だとわかると、
自信をもって前向きに行動できるようになりますね。

リフレーミングをしてみよう

ステップ❷で書きだしたことばを、ステップ❸のようにリフレーミングしてみましょう。

下に、リフレーミングの例（れい）があります。上のカードが「なおしたいところ」、下のカードが言いかえたことばです。うまく、「いいところ」にかわっていますので、参考（さんこう）にしてみてください。

すぐおこる	意見が言えない	大きな声でしゃべってしまう	わがまま	行動がおそい
↓	↓	↓	↓	↓
まじめ	ひかえめ	元気。まわりの人にも聞こえやすい	自分のこだわりがある	落ちついている

しつこい	せっかち	うるさい
↓	↓	↓
物事を追求（ついきゅう）できる。ねばり強い	短時間でいろいろなことができる	積極的（せっきょくてき）に話ができる

ふしぎふしぎ！

気になっていた性格（せいかく）がどんどん長所に変身（へんしん）していくわね！！

言いかえがむずかしいときは、そのことばがどうして気になったのか考えてみましょう。家族によく言われていることばなのかもしれないし、友だちになにげなく言われたのかもしれませんね。気になる理由がわかると、言いかえがしやすくなりますよ。

「口ごたえする」って、どう言いかえればいいですか？

「そのことばが気になるのはなぜか、思い出してみて。

ゆうべ「宿題しなさい」ってお母さんに言われて、「わかってるよ！うるさいな」って言ったら、「すぐ口ごたえするんだから！」っておこられた。

相手がお母さんだから、ストレートに感情をぶつけてしまったんでしょうか。じゃあ、どうしてきみは口ごたえしちゃったのかな？

「マンガを読んだらすぐはじめるつもりだったのに、いきなりおこらないでよ」って思ったから。

そっかー！

ということは、「口ごたえする」のは「自分の気持ちをだせている」「主張ができている」ってことね！うまくことばにできていないだけですよ〜。

19

言いかえたことばを書きだそう

「なおしたいところ」の中からことばを選んで書きだしましょう。
自分の性格の「なおしたいところ」も１つ以上入れてください。

気になることば	リフレーミング
調子にのる	→明るいふんいきにする
しつこい	→ ねばり強い
わすれ物をする	→細かいことは気にしない
はっきりことわれない	→ やさしい
	→
	→
	→
	→
	→
	→

リフレーミングしたことばを、紙に書いていきましょう。自分の性格の「なおしたいところ」についてもぜひリフレーミングしてみましょう。なれてきたら、いろいろなことばをリフレーミングしてみて！

「勉強が得意じゃない」ってリフレーミングできるのかな。

「これから勉強がわかるようになる楽しみがある」と言えますよ！

●授業では

班で相談しながら、言いかえをしました。自分だけではなかなか見方がかえられない場合でも、友だちの意見によって、思ってもみなかった見方を発見することもあります。できるだけ意見を交換し、みんなで考えをめぐらせてみましょう。

自分が「なおしたい」と思っていたところを友だちがリフレーミングしてくれるとうれしいし、自信ももてますよ。

みんなはどんなリフレーミングができたかな？

授業では、最後に班でまとめた意見を発表しました。同じことばでも、ちがった言いかえ方があることがわかって、クラスみんなで共有するとおもしろいですよ。

こんな言いかえができたよ

宿題をわすれる
↓
細かいことは
気にしない

Ｔ くん

あきらめが早い
↓
キリカエが早い

Ｍ さん

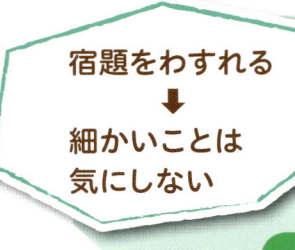

マイペース
↓
自分らしさが
ある

Ｙ さん

こんな考え方もあるよ！

みなさんは自分に自信をもっているかな？　じつは、自信がないって人、とても多いのよ。でも安心してください、これは謙虚だって見方もできるんですよ。謙虚とは「すなお」や「ひかえめ」、つまり自分についてよく考えているってこと。謙虚な自分に自信をもってくださいね。

授業で「はいはいっ！」ってよく手をあげる積極的な人はすごいわね。だけど、なかなか手をあげられない人は、次にがんばって手をあげて、挑戦する楽しみがあるって思えばいいのよ。いつも手をあげている人には、味わえない楽しみですよね。

ふりかえってみよう!

授業で学んだことについて、ふりかえってみましょう。じっさいに尾木先生と授業を行ったみんなは、自分の「なおしたいところ」も前向きにとらえることができるようになりました。

自分の性格で、なおしたいと思っていたところも、リフレーミングすれば、いいところにかわることがわかった。

リフレーミングは楽しかった。ぼくにいいところがいっぱいあることがわかった。

いいところがたくさん増えてうれしかった。リフレーミングしてみて、自信がもてるようになった。

リフレーミングは、けっこうむずかしかったけど、自分にだめなところがあったとしても、深くなやまなくていいんだと思った。

自分には、いいところがたくさんあることに気づけたり、前よりも自信をもてるようになったという人がたくさんいました。リフレーミングをすること自体が楽しかったという感想も多かったですよ。

授業の
まとめ

　物事の見方をかえる「リフレーミング」がどんなものか、わかりましたか？　ある性格について、まったく別のとらえ方ができるのはおどろきですね。

　ぜひ自分でもリフレーミングに挑戦してみてください。**自分自身では「なおしたいな」「だめだな」って思っているところが、じつは自分の強みかもしれません。**前向きに言いかえるのがむずかしいことばもあるかもしれませんが、どう言いかえようか考えているうちに、だんだん楽しくなってきますよ。

　物事を前向きにとらえられるようになると、まわりの人のことも前向きな視点で見られるようになるし、まわりの人を元気づけることだってできるようになります。

　何よりも、自分にはいいところがたくさんあるとわかると、しあわせな気持ちになれるんです。**ぼくって、わたしって、たいした人間かも。なかなかやるじゃんって思えてきませんか？**人とくらべて自分を評価するのではなくて、いつも「自分」を見つめてほしいと思います。ほら、自分のことがもっと好きになってきたでしょう？　自分の力を信じて輝いてくださいね。

1 きみは、けっこう イケテルんだよ

自分ってだめだなあって へこんじゃうとき、ある？

学校ってたくさんの人がいて、いろいろなことがありますよね。

　学年が上がるにつれ、勉強や運動、クラブ活動や行事など、新しく覚える（おぼ）ことが多く、内容（ないよう）もむずかしくなっていきます。一日が絶好調（ぜっこうちょう）の日もあれば、なんだかちぐはぐですべてがうまくいっていないように感じる日もあるかもしれません。自分と友だちをくらべてしまう機会（きかい）も多いことでしょう。

　家に帰っても、「自分はさえなかった」「今日はいやな日だった」と思うとなかなか気分は晴れませんね。

> でも、ちょっと思い出してみてください。
> いいことや、うまくいったこともあったんじゃないかな。

今日あったことで、よかったこと、うまくいったことはどんなこと？
思い出せたらノートに書きだしてみて。

**そういえば……
今日よかったこと**

先生に
字がきれいだと
ほめられた。

おはよう
ございます

いい
あいさつ
ですね.

校長先生に「いいあいさつ
だ」って言われた。

生きもの係で世話をしている
メダカの卵（たまご）がかえっていた!!

でも……

> 春香（はるか）ちゃんのかみは
> フワフワでかわいくて、
> 南（みなみ）さんは漢字テスト
> いつも100点って言ってた。

> 字はきれいに
> 書けるんだけど……

…やっぱり ぜんぜん
ダメな わたし

> 香上（かがみ）くんの絵は
> いつも賞（しょう）をもらってて、
> わたし、リコーダーの
> 高い「ミ」がまだうまく
> 出せないし……

> 友だちのスゴイところばかり
> 気になるようですね。
> 自分の良（よ）さにも気づける
> 方法（ほうほう）がありますよ。
> 渡辺（わたなべ）先生〜、
> お願（ねが）いします。

できることビンゴゲーム

こんにちは！
わたしは人の
こころについて
研究しています。

渡辺弥生先生

ちょっとかわったビンゴゲームをやってみましょう。
ふたり以上なら何人でもできますよ。

1 正方形のカードに 4 マス× 4 マスの線を引いてビンゴカードをつくる。

2 それぞれのマスに、自分ができることを書いていく。

自分ができる、
かんたんなことで
OK！

例			
毎日はみがきをしている	朝ごはんを食べている	家族に「おはよう」と言っている	早起きできる
わり算ができる	さかあがりができる	ピアノで『ねこふんじゃった』がひける	なわとびの二重とびができる
九九を1分以内に言える	片足立ち3分キープできる	英単語を3こ以上知っている	半熟のゆで卵をつくれる
リフティング30回以上できる	かえ歌が得意	指ずもうが強い	煮干しからだしがとれる

もしも全部
思いつかなかったら、
ここに書いてあることを
ヒントにしてもいいですよ。

3 参加している人が順番に、自分がカードに書いたことをひとつ言っていく。

4 友だちが言ったことと同じことが自分のカードに書いてあれば、そのマスに〇をつける。自分が言ったことにも〇をつける。

5 タテ、ヨコ、ナナメで、〇のしるしがそろったら「ビンゴ！」とさけぼう。

じつはね…

なかなか〇がつけられなくてビンゴにならなかった人もいるかもしれませんね。でも、ちょっと自分のカードを見てみてください。友だちは言わなかったけれど、あなたができることがたくさんならんでいるでしょう？　これだけですごいことじゃないですか。そう、すでにみなさんは **" けっこうやれている "** のです。

「友だちができることを、自分も同じようにできるんだ」と確認できたり、自分ができることをみんなに言えたりするのが、このゲームのおもしろいところなの。けっこう盛りあがるゲームだから、みなさんもやってみてね。

自分を大切に思う気持ち

「できることビンゴゲーム」をやってみると、みなさんはすでにたくさんのことができるということがわかったと思います。

「すべて 100点満点じゃないとダメ、そうでないとキラキラ輝けない」と思っている人は多いかな？　でも、けっしてそんなことはありません。

じょうずにできることもあれば、苦手なこともあります。「けっこうがんばっている」と自分のがんばりを受け入れて、自分のキラキラした部分を見つけましょう。

すごいなあって思っている子とビンゴで 3 つも同じだった。

わたし、けっこうイケテルかも！

ゆで卵をカクジツに半熟にできる

できない…

すごーッ!!

わたしだけができることもあった！

いいところ、自信のないところも全部ふくめて、それが自分なんだとみとめ、ありのままの自分を好きでいる気持ちを、むずかしいことばで「自尊心」といいます。

すべてがカンペキな人なんていませんよ。

自尊心とは、

「自」分を「尊」敬する「心」、つまり、自分を大切に思うこころや気持ちです。みなさんは朝ごはんを食べますね。毎朝食べることは、体に栄養をあたえ、生きるうえでとても大切なことです。

それができているということは、「自分を大事にしている」ということです。ふだん、当たり前のようにしている行動の中に、自分を大切にすることにつながることはたくさんあります。

じゃあ、「自分を大切にしない」とどうなると思いますか？

朝ごはんも食べずに、ずっとねているかも。

テレビをずーっと見ているかも。

おふろにも入らないかも。

何もやろうとしないかな。

なんだかちょっとこわい……

そうですね。

日常の当たり前のことをすることが、どんなに大切かわかりますよね。ふだんなにげなくしていることの中に、自分のがんばりを見つけて、自分を大切にしていることに気づきましょう。人とくらべずに、自分自身をみとめてあげてね。

2 自分ってどんな人？

自分はどんな人か、考えてみたことはありますか？
空から望遠鏡（ぼうえんきょう）でのぞいているつもりで自分をモニタリング（観察（かんさつ））してみましょう。
今までわかっていなかった自分を、発見できるかもしれませんよ。

「自分はどんな人？」と聞かれてもこまっちゃうかな？
次のページのように、場面ごとに自分がどういうふうに
しているか思い出して、書きだしてみてもいいですね。

自分はこんな人

朝、起きるときはどう？

例）ねおきは悪い／いつもお母さんに起こされる／二度寝する／超早起き　など

朝、家を出るまでは？

例）毎日「早く用意をしなさい」とおこられる／ほぼ毎日かみの毛のどこかがはねている／自分でかみをむすんでいる（ヘアアクセも毎日かえる）　など

服装はどんな感じ？

例）青色ならなんでもいい／動きやすくてゆるい服がいい／服はゼッタイ自分で選ぶ／ダンス系のファッションが好き　など

授業中はどう？

例）手をあげて発言することが多い／ときどきもうそうの世界へ行ってしまっている／当てられて教科書を読むのが好き／しょっちゅうあくびが出る　など

遊びはどんなことをしている？

例）友だちとゲーム／動画を見るのにはまっている／マンガ大好き／ボードゲームが意外と好き／いつも友だちと公園に集合して外遊び／恋バナに夢中　など

食事のときはどう？

例）食べるのが大好きだからゼッタイ残さない／食べるのがおそい／ヒジをついて食べるなってよく注意される／おはしの持ち方に自信がある／汁物がないといや／よくこぼす　など

家族といるときはどんな感じ？

例）家族の前ではあまえんぼう／弟に尊敬されているから、弟の前ではいいかっこしちゃう／最近お母さんとよくぶつかる（でもこころではいつもあやまっている）／やさしいおばあちゃんが大好き　など

ひとりのときはどう？

例）好きな絵をかいている／好きなアニメをみている／おかしを食べまくっている／こわがりだからちょっとびくびくしている／ず～っとピアノの練習をしている／ひとりがキライ、絶対いや　など

異性の前では？

例）つい、らんぼうなことばづかいになっちゃう（なんでかな）／つい、ふざけちゃう（なんでかな）／女子だけより男子といっしょに遊ぶほうが楽しい／おばかな男子についおこっちゃう　など

こうして書きだしてみると、いつも自分がとる行動や、どんなことが好きなのかが見えてきますね。自分でわからないことは、自分について友だちにインタビューしてもいいかもしれませんよ。

きのうより、イケテル自分になる

自分を観察（かんさつ）することになれてきたかな？
　じゃあ次は、自分がいつもやっていることの中で、「いけないとわかっているのに、ついしちゃう」とか「こうしたほうがいいってわかっているけど、なぜかできない」ということをあげてください。よ〜く考えたら、けっこうあるんじゃない？

たとえば…

つい
一日ひとつは、わすれものをしてしまう。

教科書 全部 わすれました〜

つい
いろいろちらかしてしまう。

つい
宿題するとねむくなっちゃう。

やりはじめたばかりなのに……

つい
問題をちゃんと読まずに答えをまちがえる。

この割り算、ひとり４コで合ってると思います。

あまりを答える問題ですよ。

コントロールできるようになろう。

　なぜ「いけないとわかっているのに、ついしちゃう」のでしょう？　「よくない なあ」と思いつつ、なんとなくそうしていると、いつまでたってもそのままです よね。もし、やめたいと思うなら、くふうしだいで解決策が見つかるかもしれま せん。自分をムリせずコントロールしてみてはいかが？

「一日ひとつは、わすれものをしてしまう」のは、

連絡帳の持ちもの のところに、用意 をしたらひとつひと つしるしをつける。

「いろいろちらかしてしまう」のは、

ちらかしたら かたづけるよ うにクセをつ ける。

「宿題するとねむくなっちゃう」のは、

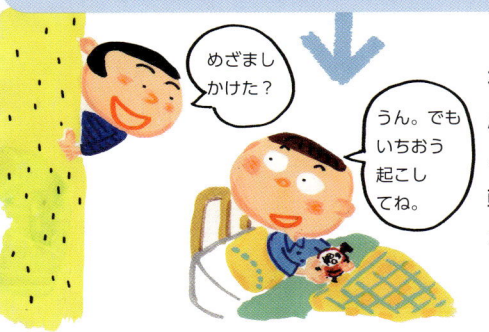

めざまし かけた？

うん。でも いちおう 起こし てね。

ねむいときはふと んに入ってちゃん とねる。その分、 朝早く起きて宿題 をする。

「問題をちゃんと読まずに答えをまちがえる」のは、

わかったと思っ ても、もう一 度問題を読み なおす。

自分のことをよ〜く観察して、理解するっ て、むずかしいけれどおもしろいですよ。 自分で「いけないなあ」と思っていること を、くふうしてやめてみましょう。

すぐにできなくても だいじょうぶよ！ 気楽にチャレンジしてみてね。

何をしているときが楽しい？

何をしているとき、いちばんワクワクしますか？
どんなものがそばにあると、しあわせな気分になるでしょう。
自分の好きなことをできるだけたくさん思い出してみましょう。

いつも、
楽しそうねー

え？

自分の好きなこと

　友だちと遊んでいると、あっというまに時間が過ぎてしまうことってよくありますよね。好きなこと、楽しいことをしているとき、あなた自身はどんなふうになっていると思いますか？

おいしいものも、生きものも好き！　プラモづくりにもはまるよ！　細かいパーツはたいへんだけど、完成するとサイコーに満足。でもやっぱり仲間と野球してるときがいちばん楽しいな。コーチはきびしいけどね。4番のアイツのポジション絶対うばうんだ！

かわいいものって見ているだけでしあわせな気分になるの。今はマンガに夢中。好きな作者の作品は全部読むつもり。絵をまねしてかくのも楽しい！　じつはお話も考えてるんだ。食事中もつい考えちゃって、「何ぼーっとしてるの」ってママに言われる。

じつはね…

　自分の好きなことや、好きなものにかこまれていると、自然に集中力がアップして、やる気が出てきます。これは当然ですよね。だって自分が好きなことなら、だれかが「やめなさい」と言っても関係なく、自分から進んでやることができますから。さらに、好きなことを続けていくとねばり強くなって、少しくらいいやなことがあって落ちこんでも、立ち直れる強さをもつことができるようになります。好きなことってすごいわね。パワーの源なんですね。

今は未来につながっているよ

　将来のことなんて、今はまだ遠いことのように感じるかもしれませんね。でも、今の自分は確実に未来の自分につながっています。好きなことがあるとハッピーになれる。そして、そのハッピーが未来にまで続いたとしたらすてきですね。ここでは、好きなことを生涯続けた人を紹介します。

みんなも知っている人ですよ。

子どものころからずっと昆虫が好き

アンリ・ファーブル（フランスの昆虫学者）

　自然がいっぱいの場所で育ったファーブルは、生きものが好きで昆虫を見つけると何時間でもあきずに見ている子どもでした。14歳のときに父親が事業に失敗し、ねる場所にもこまるような生活になりましたが、働きながら勉強は熱心に続けます。その日の食事をぬいても、ほしい本は買い、たくさんの知識をたくわえました。

　ファーブルは虫について、常識だと思われている説があっても、それは本当なのか自分で確かめ、こたえを導きだすため、ぼうだいな数の観察・実験をしました。教師の仕事についてからも、「いつか昆虫の本を書く」という目標をもち続けました。有名な『昆虫記』の第1巻を出版したのは、55歳のときです。最後の10巻目は84歳。昆虫の生態やいのちのふしぎがおもしろく書かれていて、ファーブルの生きものへの愛情が伝わってきます。100年を過ぎた今も人びとに読みつがれている本です。

どんなときでもまんがをかき続けた
手塚治虫 （日本のマンガ家）

　小学生のころは体が小さく、よくいじめられていた手塚。家にたくさんあったマンガが大好きになり、見よう見まねでかいたマンガがじょうずで友だちが増え、いつのまにかいじめられなくなりました。

　中学生のとき戦争が起こったことで、周囲の人たちが亡くなり、人のいのちの尊さを身をもって知ることになります。戦争中もマンガをかくことはやめず、軍事訓練の教官からおこられることもしばしばでした。戦後、病気をしたことをきっかけに、医者をめざして勉強しましたが、「あなたの好きなことをやりなさい」という母親のことばで、マンガ家になる決心をします。60歳で亡くなるまでに『鉄腕アトム』『ジャングル大帝』など、数多くのマンガやアニメ作品を残しました。

　山や川、野原で遊んだ子どものころ、「人間がどんなに進化しても自然の一部なんだ」と手塚は感じました。その思いは生涯かわらず、手塚の作品には「すべての生きものたちのいのちを大切に、愛してほしい」というメッセージがこめられています。

大好きなことを職業にできるなんて、とってもうらやましいですね。

　仕事にまではしなくても、ここまで夢中になれるものがあるって、とてもすてきなこと。

　でもみなさんは、あせる必要はありませんよ。大好きなことがまだ見つかっていない人も、これからきっと見つかるでしょう。

　好きなことが見つかっても、ずっとそれが続くとはかぎりません。別のことに興味をもつことだってあるし、それもまた自然なことです。

好きなことで生きていく！

シーカヤックに乗り、自分の力でオールをこいで、大海原の荒波も、人生の
大きな波も越えてしまう、海洋冒険家の八幡さんにお話をうかがいました。

八幡 暁 さん
海洋冒険家

プロフィール
1974年東京都生まれ。シー
カヤックで国内や外国の海
をわたる冒険家。「海とと
もにくらす人びとの生き
方」を知るための旅を
続けている。

　ぼくは、シーカヤックというひとり乗
りの小さな舟だけで、世界の海を旅す
る冒険家です。着いた先ではテントを
はってキャンプをします。食事は、すも
ぐりでとった新鮮な魚です。
　豊かな自然のめぐみと同時に自然の
きびしさを体験し、生きぬく知恵を学
んでいます。

シーカヤックは港がなく
ても、こんなふうに陸に
あがることができます。
荷物は、最低限の身の
まわりのもの。

シーカヤックはオールを使って進みます。波にのまれて
バランスをくずすこともありますが、起き上がる練習を
しっかりしているので、だいじょうぶです。

のびのびと遊んだ子ども時代

　ぼくは三兄弟の末っ子。小さなころはふたりの兄にくっついて、自然の中でいっぱい遊びました。兄たちが勉強をがんばるようになっても、ぼくはやんちゃなまま。とくに水辺が好きで、カエルをつかまえたり、魚をとって食べたり。高いところから飛びおりたり、少し背のびした探検をしたりと、無茶もして、大人におこられながら毎日ワクワク過ごしていました。

もう一度自然のおもしろさに気づく

　勉強はそっちのけで、中学は野球、高校はアメリカンフットボールに夢中でした。大学生になってスポーツをやめたとたん、とほうにくれたんです。やりたいことが何もない日々はとても苦しかった。
　あるとき、勉強しようと入った図書館でたくさんのおもしろい本と出会い、夢中で読みふけるようになりました。気分をかえて、外で読もうと思いつき、子どものころに遊んだ河原に行ってみました。すると全身がワクワクしてきたんです。水面がキラキラしてきれいだな。風が気持ちいいな。上流はどうなっているんだろう……。ぼくは再び、自然のおもしろさにひきこまれていきました。

海で生きる人との出会い

　ぼくはひとりで小さな冒険に出かけるようになりました。山で迷い、滝から落ち、食料が底をついて栄養失調になるなど、失敗もしました。でもいつも思っていたのは**「こわいけど、楽しい」**ということ。それほど自然は魅力的だったんです。
　大学4年生のとき、八丈島に行きました。海にもぐり、もりという道具で魚をつく昔ながらの漁をしている人に会うためです。漁師さんはぼくの目の前で、これが人間の動きなのかと目をみはるような、しなやかさとすばやさで魚をとりました。すごい、かっこいい、ぼくもやりたい！　八丈島に何日も滞在し、もりの練習をはじめました。
　漁やキャンプでくらす技術はどんどん上達し、大学を卒業するころには、自給自足で旅ができるくらいになっていました。やりたいことが見つかった！　いや、やりたいことはずっとこれだった！　そんな手ごたえを強く感じた毎日でした。

冒険のはじまり
（ぼうけん）

　トルコという国の、海辺（うみべ）の小さな村でのことです。村の人に魚をとって見せると、「それは昔おじいちゃんがとっていた魚だ」と喜（よろこ）ばれました。魚をあげるとトマトやスイカをくれました。村でこの話が広まり、ぼくに魚の注文がくるようになったんです。野菜（やさい）ではなく、お金をはらってくれる人も出てきました。「村の人にみとめてもらえた、ここで生きていける！」これはぼくの自信（じしん）になりました。もっと世界の海をめぐり、さまざまな海辺（うみべ）のくらしを知りたいと思いました。

　こうしてぼくは海にこぎだしました。ぼくの旅の一部を紹介（しょうかい）しましょう。

 グレートシーマンプロジェクト　～人力航海（こうかい）の旅～

　日本とオーストラリアの間には、多くの島が連（つら）なっています。大昔、この島々と日本は、陸（りく）でつながっていたといわれています。だとしたら、日本と似（に）ている文化や習慣（しゅうかん）があるかもしれない。「海とともにくらす人びとはどのように生きているのか」をテーマに、この島々をめぐる旅をはじめました。昔、手作りの木の舟（ふね）で島を行き来した人たちのように、シーカヤックに乗り、オールをこいで、人力で海を渡（わた）ったのです。

　2002年から2015年で、何回かに分けて渡（わた）った海のルートです。このルートを人力で渡（わた）った現代人（げんだいじん）は、ほかにいなかったそうです。

　その土地のあいさつと基本的（きほんてき）な会話は、あらかじめ覚（おぼ）えておきます。話せばすぐ仲良（なかよ）しになれます。

スラマッ・スィアン！（こんにちは！）

インドネシア東ヌサトゥンガラ州の島で。

これからも海の旅をしたい。
**インターネットで検索しても名前が出てこない
ような島へ行きたい!**
そのためには、
海のことをもっと勉強！　体もきたえる！

きらいだと思っていた勉強は、きらいではなかったみたい。
行きたい場所の歴史や、地理はどんどん調べたくなる。
調べたら疑問がわいてきて、その先へと知識は広がるんだ。
それをじっさいに自分の目で見て体験すると、
知識は深い理解につながる。
何を学ぶか、どう学ぶかは自分で考えてくふうするんだ。

　ぼくの仕事は体がじょうぶでないと続かないし、いつか年もとる。でも先の心配をするのではなく、今、やるべきことをしたい。
　好きなことだけで生きていくのはたいへん。でも、だれに強制されたわけではなく、自分で選んだ仕事だから、たいへんでも続けられる。もし、好きという気持ちが続かなくなったら、やめてもいいと思います。それは悪いことではないです。

自分が感じたことを大切に

　みんなも、**ワクワクする瞬間に出会えたら、それを大切にしてください。** ぼくは、河原が美しいと思った瞬間が、世界のどこへでも行ける自分につながっていきました。
　ほかの人にとっては役に立たないようなことでも、ヘンだよと言われても、自分がいいと思った感性を大事にしてほしい。それができたら、きっと自分のことがもっと好きになるから。

3 うれしいことばを増やそう！

友だちのことばで、こころがほわんと
あったかくなったことってあるかな？

まなちゃんと
いっしょにいると、
なんかホッとするんだ〜。

ふたりで遊ぶときは
よく大笑いしちゃう。

「ホッとする」って、
いっしょにいて
安心できるって
ことだよね！

けんかしたこともあるけど
すぐ仲直りできたよ。
「さっきはごめんね」って
言ってくれて
わたしも「いいよ」って
言えたんだ。

わたしも
歩美ちゃんと
いっしょにいて
いやだと思ったこと
ないなあ。

そういえば、
なやみをうちあけて
くれたことあるな。

それって、それって……
わたしって、歩美ちゃんにとって
大切な人ってことなのかも。

人から言われてうれしかった ことばを思い出してみて

ありがとう、助かった

きみと遊べるから学校楽しいよ

あなたはうそをつかないから信用（しんよう）してる

元気ないね、だいじょうぶ？

そういうところいいと思うよ

○○ちゃんと友だちでよかった

やさしいね

おもしろ～い

がんばったね

しゃべってると楽しい

すごいね！

いっしょにやろ

よかったね

絶対（ぜったい）にできるよ！

たくさんのうれしいことばが集まりました。
うれしいことばはこころに残(のこ)りますね。
そしてなんだか元気が出てきます。
どうしてでしょうか。

体育用具室に、なんでだかボールがちらかっていたのを
かごにもどしていたら、前に同じクラスだった健太(けんた)が
「かっこいいことしてんなよ」なんて言いながら
いっしょにかたづけてくれた。なぜか急に楽しくなった。
土曜日にいっしょに遊ぶんだ。

帰り道、アユちゃんと笑(わら)いながら歩いていたら、「美(み)久(く)ちゃんがいるから学校楽しいよ」ってさりげなく言ってくれたんだ。
その日は家に帰ってから鼻歌うたったり
お母さんにじょうだん言ったり
妹にもやさしくできちゃった。なんでかな。

それはね…

自分がその友だちにみとめられたから。必要(ひつよう)だと思われていると感じたから。
そして、自分自身のことも好(す)きになったから。だからうれしくなるんです。

人に必要とされたり、みとめられることって
そんなに大事なことなの？

人といると、
いっぱい気をつかってめんどうだし
ひとりでいるほうが気がらくだな。

人は、人との関わりの中で生きています。

　人は生活の中でたくさんの人と関わりをもっています。学校でも家でも、友だちや家族といろいろな話をしたり、協力して何かをやったりしますね。そうやって、人と関わるときには、だれもがみんな「ことばや気持ちや行動のキャッチボール（やりとり）」をしています。

　自分が投げたことばをきちんと受けとめ、返してくれる人がいると、うれしい気持ちになります。ことばにはしない気持ちの場合も同じですよ。落ちこんでいるとき、お母さんがそっと肩をだいてくれたり、友だちがうれしそうだとこちらもうれしくなったり。こういう気持ちのキャッチボールも、とても大切です。

あなたが投げたボールを、相手が気づかなかったり
受けとってくれなかったりしたら、悲しいですね。
それは相手も同じです。しっかりと相手のことばを受けとめ、
やさしいことばを返すことができたら、
あなたは最高にすてきな人ですよ。

うれしいことばを増やせるかな？

うれしいことばを増やしていくには、まずは相手のことをよく見ることが大事です。そしてその相手とことばや気持ちのキャッチボールをたくさんしようとすること。そうしていけば……

あら、ふしぎ。自然とあなたのまわりにはうれしいことばが。

笑顔のパワーと「ありがとう」

笑顔になるときって、どんなとき？

楽しいとき

うれしいとき

おもしろいことが
あるとき

やさしい
気持ちのとき

どれも全部ハッピーなとき！

自分ではうきうきしていなくても、まわりの人が笑顔でいると、こちらもなんとなく笑顔になることってありますよね。笑顔って、ほかの人もハッピーにする、すごいパワーがあるのです。

昨日のテレビの
お笑いみた〜？

思い出すだけで
笑っちゃう

みたみた〜

なになに
どうしたの〜

ほかにも、笑顔でいるとどんなことが起きるかな？

今日いっしょに遊ばない？

わたしも遊びたい。

いいよ。どこで遊ぶ？

物事がいいほうへ向かう

もうすぐ学芸会の出番だ。

きんちょうする〜

ハハハ……

もう〜

ブヒブヒブ〜

リラックスできる

笑顔に似合う、あったかことば

　笑顔には、あったかいことばが似合います。とくに、「ありがとう」のことば。お礼の気持ちだけでなく、その相手が「そこにいてくれる」ことに対する感謝までもがふくまれています。だから、「ありがとう」と言われたらとってもハッピーな気持ちになるし、「ありがとう」と言ったほうも自然にあったかい気持ちになるのです。「ありがとう」を笑顔といっしょにいろいろな場所でたくさん使ってみてください。

ありがとう！

まわりの色があたたかい色にかわっていきますよ。

4 気持ちをことばにしよう

今、あなたはどんな気持ちかな？

ユルセナイ～!!

弟が大事な
ノートに
落書きした！

実香(みか)ちゃん

とってもうれしい

うちのワンちゃんに
赤ちゃんが
生まれたの

文乃(ふみの)さん

しょんぼり

ぼくのエラーで
試合(しあい)に
負けちゃった…

公太(こうた)くん

のんびり

日曜日だし　宿題ないし

優人(ゆうと)くん

みなさんにはたくさんの感情（かんじょう）がありますね。

　毎日、気分はかわるし、1日の中でもいろいろな出来事があって、そのたびに感情（かんじょう）は変化（へんか）します。「うれしい」「悲しい」「楽しい」のようにわかりやすい気持ちもあれば、もやもやとして、自分でもなんだかわからない気持ちになったこともあるかもしれませんね。

　気持ちにぴったりあてはまることばを見つけると、あんがいすっきりできることもあるんですよ。

**感情（かんじょう）をあらわすことばを、どれだけ知っているかな？
「気持ちことば」をできるだけ書きだしてみよう。**

おもしろい
たいへん
わくわく
悲しい
苦しい
満足（まんぞく）
きらい
はずかしい
つらい
落ちつく
イライラする
好（す）き
こわい
楽しい
くやしい
さびしい
うれしい
感動する
おどろく
あせる
せつない
ふきげん
あきれる
つまらない
しあわせ
がっかり
こまる
いやだ
心配
つかれた
すっきりする
あこがれる
むっとする

今のあなたの気持ちにぴったり合うことばはありますか？

感情をあらわすことば、とてもたくさん出てきましたね。

　下の図は、感情を4つのエリア（区切り）に分けたものです。横の軸は、心地良さをあらわしていて、右にいくほど気分が良い感情です。たての軸はエネルギーをあらわしていて、上にいくほど強い（エネルギーが大きい）感情です。

50ページの4人の気持ちを見ていきましょう。

赤いエリアにいる実香ちゃん

落書きされて悲しい気持ちとひどいと思う気持ちがいっしょになって、とてもおこっていますね。

黄色いエリアにいる文乃さん

子犬がぶじに生まれてほっとした気持ち、かわいいなと思い、とてもうれしそう。

エネルギー

大きい

小さい

不満がある感情のエリア
- つらい
- やきもち
- くやしい
- いかり（おこる）
- イライラ
- など

前向きな感情のエリア
- うれしい
- 好き
- 楽しい
- わくわく
- おもしろい
- など

しずんだ感情のエリア
- つらい
- さびしい
- 悲しい
- がっかり
- せつない
- など

リラックスした感情のエリア
- しあわせ
- やすらぐ
- のんびり
- ほっとする
- いやされる
- など

心地良さ

良くない ← → 良い

出典：イエール大学「ムードメーター」参考

青いエリアにいる公太くん

試合に負けてがっかりし、仲間にすまないと思う気持ち、自分がなさけないと思う気持ちでいっぱいになっています。

緑のエリアにいる優人くん

宿題がなく自由な気分、ゆったりした気持ちでとてものんびりリラックスしています。

今のあなたはどのエリアにいる？

● **黄色のエリアなら、** ‒ ‒ ‒ ‒ ‒ ‒

パワーにあふれていて、世界が輝いて見えているかもしれません。今ならなんでもうまくいきそうですね。

● **赤のエリアなら、** ‒ ‒ ‒ ‒ ‒ ‒

カッとなっているかもしれないし、くやしくて泣きだしているかもしれませんね。一度深呼吸してみるのもいいですよ。少し落ちついたら、不満の原因を解決する方法がないか考えてみましょう。

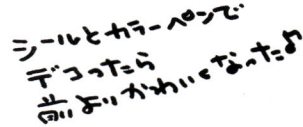

シールとカラーペンでデコったら前よりかわいくなった♪

● **緑のエリアなら、** ‒ ‒ ‒ ‒ ‒ ‒

とてもリラックスしているので、次に何かをはじめるための準備をするのにとてもいい状態なんですよ。

● **青のエリアなら、** ‒ ‒ ‒ ‒ ‒ ‒

がっかりしたり、しょんぼりしたりはいけないことではないですよ。ただ、「なんだかわからないけどもうダメだ」と思うより、自分の気持ちをことばにできたほうがずっと早く気分が回復するのです。その気持ちをだれかに聞いてもらえればもっといいですよ。

> **気持ちを具体的にことばにすると、**
> **自分の気持ちと向き合うことができます。**

これはとても大事なことです。本を読んで新しいことばを知ると、「そういう気持ちもあるのか」と、世界が広がります。ことばをたくさん知っていると、その分こころが豊かになります。そして、自分の気持ちをより具体的に、ピンとくることばで表現できるようになります。たとえば「超うれしい」と言うより、「天にものぼる気持ちだよ」という表現を使うと、今の自分にぴったりくるなと思えたり、その気持ちをよりリアルに人に伝えることもできますね。

失敗したときこそパワー全開 !!

　がんばって、何かに挑戦をして、でも失敗をしてしまったときは、だれでも気分が落ちこむものですね。でも落ちこんで、立ち直ろうとするときは、こころが強くなるチャンスなのです。パワー全開でいきましょう!!

ぐおぉぉぉ!!!

立ち直る力 UP!!

　失敗したり、うまくいかなかったときは、落ちこんだり、自信やる気がなくなったりしてしまいますよね。あきらめたくなることだってあるでしょう。でも、失敗したことをくやんで挑戦することをやめてしまうのは、とてももったいないことですよ。自分の可能性をせばめてしまうことです。何度でも失敗していいのよ。
　みなさんが知っているこの偉人も、挑戦し続けた人です。

アメリカの発明家　トーマス・エジソン

　エジソンは電球の発明のために1万回もの実験をし、失敗をくりかえしました。「そんなに多くの失敗をしたのなら、もうやめたらどうですか?」と言われたとき、エジソンはなんとこたえたと思いますか?

> わたしは『失敗』など一度もしていない。ただうまくいかない方法を1万通り発見したのだ。

超前向き!!

> 絶対にあきらめないから、偉大な発明ができたのね。失敗から立ち直る力をつけるトレーニングもあるのよ。

> まあ、教えてください!

え?　どうするの?

次のページへ

立ち直る力をつける4つの筋トレ

わたしは〇〇〇〇だ	わたしは〇〇〇〇ができる
わたしは〇〇〇〇をもっている	わたしは〇〇〇〇が好き

トレーニングはかんたんです。
上の4つの文章の〇〇〇〇に自分のいいところをあてはめてみてください。
「だめだなあ」って思ったときや、「これからまたがんばらなきゃ」って思ったとき、
ほかのときにも、ふと思い出したらこの4つの文章を声に出して言いましょう。

何度も言っていると……、
あ〜らふしぎ、なんだか体の底から
力がわいてくる気がしますよ。
人がいてはずかしいときは、
こころの中でくりかえしてもいいですよ。

わたしは（たぶん）やさしい

わたしはていねいに字が書ける

ていねいな字

わたしは人とちがう
アイディアをもっている……と思う

わたしは花を育てるのが好き

ぼくのいいところって
なんだっけ？

ほら、「リフレーミング（→16ページ〜）」や
「自分ってどんな人？（→30ページ〜）」、
「自分の好きなこと（→34ページ〜）」も
思い出して。

もっとかっこいい自分になる スペシャルな方法

あなたには、あこがれの人っている？

自分が、こんなふうになりたい！　って思う人を
思いうかべてね。たとえば、大好きないとこのお姉さん、
物語やアニメのキャラクターでもいいのよ。
あなたの、あこがれのヒーロー、ヒロインを見つけて。

あこがれるのは、その人の生き方がかっこよく思えるから。

　「いいなあ」「かっこいいな」と思う部分を自分もまねしてみましょう。まったく同じように
まねするのはむずかしくても、考え方をとりいれるのです。
　勇気が必要なとき、その人がよく言うセリフを自分も言ったり、迷ったときに、その人
ならどんな決断をするのか想像したり。自分がどうすればいいか考えるヒントになります。

あこがれの人は、こんなときにもたよりになります。ショックなことがあって、こころが傷ついてしまったとき。何もする気が起きなかったり、ふさぎこんでしまうとき。あなたのこころの中に、登場してもらいましょう。

やってみよう！

なりきりヒーロー、ヒロイン

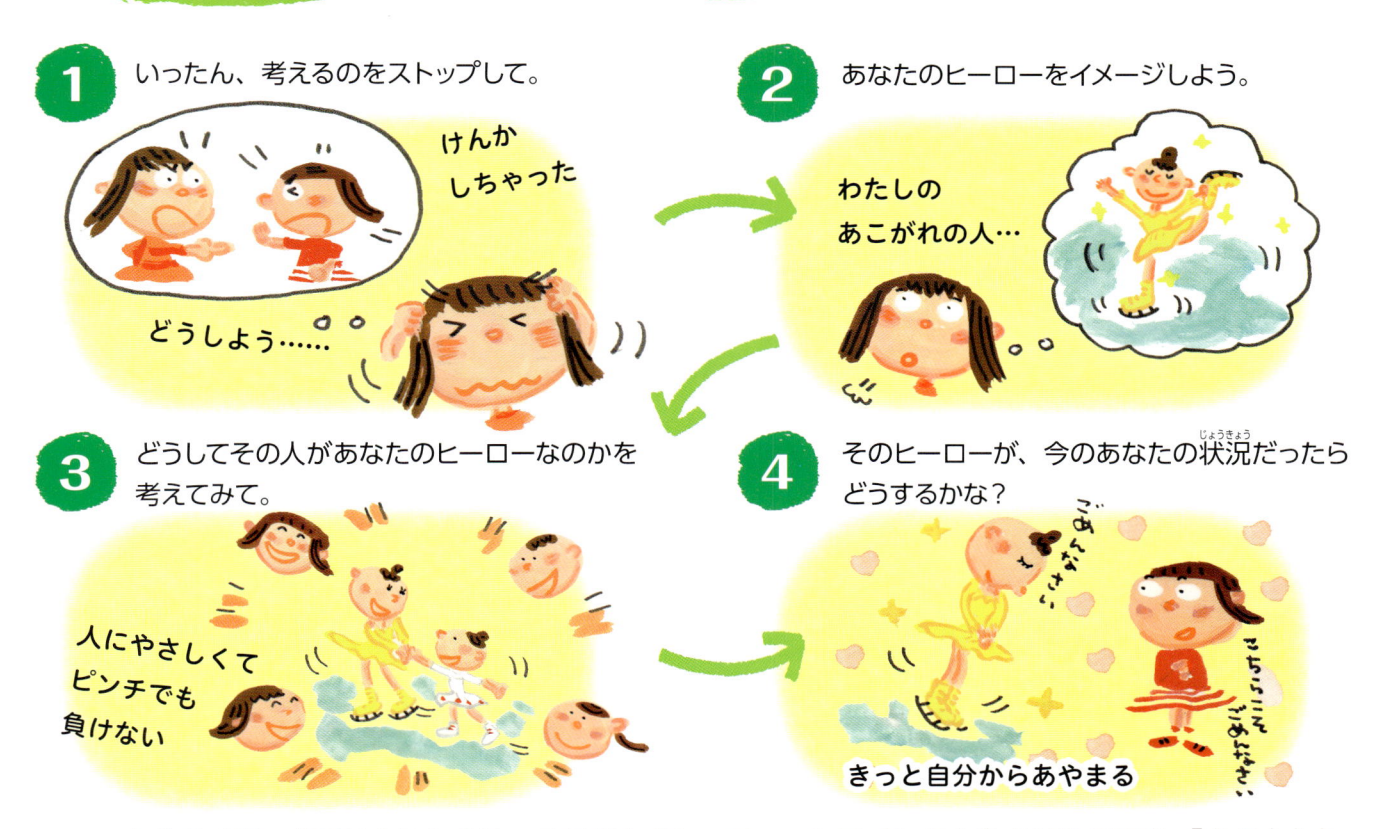

1 いったん、考えるのをストップして。

けんか
しちゃった

どうしよう......

2 あなたのヒーローをイメージしよう。

わたしの
あこがれの人…

3 どうしてその人があなたのヒーローなのかを
考えてみて。

人にやさしくて
ピンチでも
負けない

4 そのヒーローが、今のあなたの状況だったら
どうするかな？

ごめんなさい

こちらこそごめんなさい

きっと自分からあやまる

　自分のパワーが足りないときは、あこがれのヒーロー、ヒロインの力をかりるのです。「あの人なら、本当の気持ちをちゃんと伝えるはず」「まわりになんと言われても自分の考えをつらぬき通すよね」と。その人なら、きっとその状況をのりこえられるはず。そして、あなたにも、きっとできますよ！

自分が好きになれたかな？

リフレーミングをしたり、自分の好きなことや今の気持ちをみつめたりと、ここまで自分のことについてたくさん考えてきましたね。

自分も意外にイケテルことに気がつきましたか？　できる自分もできない自分も、なかなかいいかも、と思えるようになってきたのではないでしょうか。

やってみよう！

自己紹介

ここで、自己紹介の文を考えてみましょう。みんなで発表し合えればなおいいですね。よく知っている友だち同士でも、あらためて自己紹介をするとおもしろいですよ。

川崎くんの自己紹介

ぼくの名前は川崎真人です。

ぼくはサッカーをやっています。

4歳くらいからはじめて、ポジションはフォワードです。

フォワードっていうのは、いちばん前に走っていって点をとる役割です。

ぼくは走るのが好きだし、ゴールしたとき全身がビリビリきて、「おっしゃー！」ってさけぶくらいすごくうれしいから、サッカーが大好きです。

サッカーが好きな人、今度いっしょにやろう！

自分が好きなことは、みんなにも伝えたいですね。

わたしは藤田文乃といいます。

じつはわたしは、はじめての人と話をするのがあまり得意ではありません。

だから自分から友だちに声をかけるのが苦手です。

でも、このクラスはやさしい人やにこにこしている人が多いから、

最初の日、がんばって自分から話しかけられました。

休み時間もたくさん遊べて楽しいです。

これからも仲良くしてください。

自分の弱点を自分から
みんなに話しちゃうのは、すごい！
ユニークな自己紹介ですね。

わたしは、友だちにあややとよばれています。

それは名前が木村あやだからです。

得意なことは、ゆで卵をかならず半熟にできることです。

生きものが好きです。

教室の、メダカの赤ちゃんがふ化したときは感動して

ちょっとうるうるしました。

苦手なのはなわとびです。でも運動会でやる大なわは、

ひっかからないようにがんばって練習します！

得意なこと、好きなこと、
苦手なこと、そして
目標までじょうずに
伝えられたわね。

自分を良くみせようと思わなくてもだいじょうぶ。
自己紹介は、あなたがどんな人かを伝えるものなのだから。
今のあなたはそのままでじゅうぶんに輝いていますよ。

この本を読んでくれたあなたへ

尾木直樹（おぎなおき）

さて、みんな、じっさいにやってみてどうだった？　少しむずかしかったかな？

たとえば「短気ですぐカッとなってしまうダメな自分」も、とらえ方を逆転（ぎゃくてん）させるリフレーミングで、「情熱的（じょうねつてき）ですなおに自分の意見を言える」と考えれば、心がラクになるし、自分のことを、前より少し好（す）きになれるんじゃないかしら。

リフレーミングは、自分自身についてだけでなく、クラスメイトや友だち、家族との関係（かんけい）にも使えます。「いつも無口（むくち）で、関（かか）わりづらいな」なんて思ってた子も、「それだけいろんなことをよく考えているんだ」と思えば、「どんなこと考えてるのかな？　今度話しかけてみよう！」と仲良（なかよ）くなれるきっかけにもなるかもしれません。

また、お母さんにガミガミしかられて「うるさいな……」と思うときも、「それだけ心配し、気にかけてくれているんだ」ととらえれば、親子ゲンカもへるかもしれないわ（笑（わらい））。

そのほかのコツも、ぜひ活用してみてね。自分自身について理解（りかい）したり、行動をコントロールすることはなかなかむずかしいと思うけれど、カンペキをめざさなくていいんです。ちょっとずつでも、ありのままの自分をみとめてあげられるようになるとステキですね。

この本に出てくることば

監修／尾木直樹（おぎ なおき）

1947 年、滋賀県生まれ。教育評論家、臨床教育研究所「虹」所長。早稲田大学卒業後、中学・高校などで教員として 22 年間ユニークで創造的な教育実践を展開。法政大学キャリアデザイン学部教授、教職課程センター長を経て定年退官後は特任教授。調査・研究、評論、講演、執筆活動にも取り組み、最近は「尾木ママ」の愛称で多数のメディア等で活躍中。

制作協力／仲野繁（なかの しげる）

1954 年、茨城県生まれ。東京都足立区立辰沼小学校校長（2017 年 3 月現在）。東京理科大学卒業後、中学・高校で数学科教員として 28 年間勤める。その後管理職となり、ここ数年間は、小学校の校長として、いじめ防止教育を展開。いじめ防止教育の普及に取り組む。

コミュニケーション指導／渡辺弥生（わたなべ やよい）

大阪府生まれ。筑波大学大学院で心理学を学ぶ。筑波大学・静岡大学に勤め、途中ハーバード大学大学院、カリフォルニア大学サンタバーバラ校の客員研究員を経て、現在、法政大学文学部心理学科教授。同大学院特定課題ライフスキル教育研究所所長を兼務。教育学博士。

協力／東京都足立区立辰沼小学校

- 編集制作 ──── 株式会社アルバ
- 制作協力 ──── 臨床教育研究所「虹」
- 表紙イラスト ── 藤田ヒロコ
- 巻頭マンガ ─── 上大岡トメ
- イラスト ───── 三本桂子、サトゥー芳美
- デザイン ───── チャダル 108
- 執筆協力 ──── 木村芽久美、用松美穂、石川実恵子
- 写真撮影 ──── 石田健一
- 校正 ─────── 田川多美恵

参考文献：『エンカウンターで学級が変わる〈Part3〉小学校編』國分康孝監修（図書文化社）／『おもしろくてやくにたつ子どもの伝記 19 ファーブル』砂田弘著・『おもしろくてやくにたつ子どもの伝記 16 手塚治虫』国松俊英著（ともにポプラ社）／『10 代を育てるソーシャルスキル教育』渡辺弥生・小林朋子編著（北樹出版）／『中学生・高校生のためのソーシャルスキル・トレーニング』渡辺弥生・原田恵理子編著（明治図書）／『子どもの「10 歳の壁」とは何か』渡辺弥生著（光文社）

写真協力：石川実恵子、グレートシーマンプロジェクト

尾木ママのいのちの授業①
自分のいのちを育てよう

発　行　2017 年 4 月　第 1 刷

監　修　尾木 直樹
発行者　長谷川 均
編　集　浦野 由美子

発行所　株式会社ポプラ社
　　　　〒 160-8565
　　　　東京都新宿区大京町 22-1
振　替　00140-3-149271
電　話　03-3357-2212（営業）
　　　　03-3357-2635（編集）
インターネットホームページ http://www.poplar.co.jp
印刷・製本　今井印刷株式会社
ISBN978-4-591-15356-7　N.D.C.113/63P/23cm
Printed in Japan

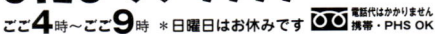